Stefan Hassmann

Einführung in BPEL4WS - Möglichkeiten, Tools und Ausfü

GRIN - Verlag für akademische Texte

Der GRIN Verlag mit Sitz in München hat sich seit der Gründung im Jahr 1998 auf die Veröffentlichung akademischer Texte spezialisiert.

Die Verlagswebseite www.grin.com ist für Studenten, Hochschullehrer und andere Akademiker die ideale Plattform, ihre Fachtexte, Studienarbeiten, Abschlussarbeiten oder Dissertationen einem breiten Publikum zu präsentieren.

Stefan Hassmann

# Einführung in BPEL4WS - Möglichkeiten, Tools und Ausführung

GRIN Verlag

Bibliografische Information der Deutschen Nationalbibliothek: Die Deutsche Bibliothek verzeichnet diese Publikation in der Deutschen Nationalbibliografie; detaillierte bibliografische Daten sind im Internet über http://dnb.d-nb.de/ abrufbar.

1. Auflage 2005
Copyright © 2005 GRIN Verlag
http://www.grin.com/
Druck und Bindung: Books on Demand GmbH, Norderstedt Germany
ISBN 978-3-638-67721-9

**Wirtschaftsinformatik**

**Betriebliche Kommunikationssysteme**

# BPEL4WS

# Seminararbeit

Vorgelegt dem Fachbereich Wirtschaftswissenschaften

der Universität Duisburg-Essen, Campus Essen

Abgegeben am: 26. Januar 2005

Wintersemester 2004/2005, 7. Studiensemester

Voraussichtlicher Studienabschluss: Sommersemester 2006

# I. Inhaltsverzeichnis

## II. Abbildungsverzeichnis

## III. Tabellenverzeichnis

## IV. Abkürzungsverzeichnis

ARIS..................... Architektur Integrierter Informationssysteme
BPEL4WS............. Business Process Execution Language for Webservices
BPML.................. Business Process Modelling Language
BPWS4J............... BPEL for Java
BPXL................... Business Process eXtension Layers
EDI..................... Electronical Data Interchange
HTTP.................. Hypertext Transfer Protocol
J2EE................... Java 2 Enterprise Edition
MSMQ................. Microsoft Message Queuing
OC4J.................. Oracle9iAS Containers for J2EE
SBA.................... Service Based Architecture
SMTP................. Simple Mail Transport Protocol
SOA................... Service Oriented Architecture
SOAP................. Service Oriented Architecture Protocol
SQL................... Structered Query Language
UDDI................. Universal Description, Discovery and Integration
WAN.................. Wide Area Network
WSCI................. Web Services Choerography Interface
WSDL................ Webservice Description Language
WSFL................ Webservices Flow Language
XLANG.............. XML Language
XML.................. Extended Markup Language
XPDL................ eXtensible Process Definition Language

# 1 Einleitung und Aufgabenstellung

In der Welt des Internet entwickeln sich Web Services immer mehr zum Standard bei der Kommunikation von heterogenen Systemen. Hierbei steht weniger die Vernetzung von Hardware oder die Vernetzung von Software im Vordergrund als vielmehr die Vernetzung von Diensten (vgl. [WI04]). Webservices[1] sind der Standard, um dies über Unternehmensgrenzen hinweg umzusetzen. Allerdings realisieren Webservices keine lang-andauernden Kommunikationsbeziehungen von verschiedenen Teilnehmern. Eine mögliche Lösung bieten hier so genannte Workflow Languages. Auf BPEL4WS, einen Vertreter einer solchen Sprache, der auf Webservices basiert, soll in dieser Arbeit beschreibend eingegangen werden. Ziel ist es, herauszustellen welche Möglichkeiten BPEL4WS bietet, um einen Geschäftsprozess[2] auf Basis von Webservices zu definieren. Fokus von BPEL4WS ist primär das Erstellen und die Ausführung von Geschäftsprozessen, nicht jedoch die Modellierung, die in ganzheitlichen Konzepten des Geschäftsprozessmanagements Schwerpunkt ist. Die Relevanz des Konzepts wird weiterhin auch dadurch deutlich, dass z.B. ARIS mittlerweile Schnittstellen zu BPEL4WS anbietet. Nach einer Einordnung und einer Beschreibung von BPEL4WS, auch anhand von einem Beispiel, folgen eine kurze Erläuterung zu Tools für den Einsatz der Sprache, sowie eine kritische Auseinandersetzung mit BPEL4WS, bevor das Kapitel „Zusammenfassung und Ausblick" diese Arbeit schließt.

---

[1] (vgl. [Wrox] S. 11 ff; [msdn1])

# 2 BPEL4WS - eine Einordnung

## 2.1 Webservice Composition

Ein möglicher Schritt in Richtung Automatisierung von Geschäftsprozessen stellt das Vernetzen von Webservices dar. Bisher war es nicht möglich, auf Basis von Webservices komplexe Geschäftsprozesse über Unternehmensgrenzen hinweg zu modellieren. Eine Geschäftsprozesslogik konnte allenfalls auf der Applikationsschicht implementiert werden. Aus Anlass, die Definition des Geschäftsprozesses von der eigentlichen Anwendung zu trennen, gibt es das Bestreben, diese Logik direkt auf der Webservice Ebene zu realisieren. Van der Aalst schreibt: „Business interactions require long-running interactions that are driven by an explicit process model." (vgl.[aalst1], Seite 1)

Das Konzept der Webservices ermöglicht zwar eine Kopplung von Anwendungen über große Entfernungen, jedoch keine Vorschrift für eine Kette von Transaktionen, die nötig ist um einen Geschäftsprozess durch einen Workflow abzubilden.

Dieses Prozessmodell kann durch eine Webservice Composition Language implementiert werden. Dabei werden existierende Webservices logisch so verknüpft, dass sie für den Nutzer des Prozesses wie ein einzelner Webservice fungieren. Synonyme sind Web Services Flow Languages, Web Services Execution Languages, Web Services Orchestration Languages, und Web-enabled Workflow Languages (vgl. [aalst1], Seite 2).

Beispiele für derartige Sprachen sind BPEL4WS, WSFL, XLANG, WSCI, und BPML. Zur Einordnung der Composition Languages in den Zusammenhang mit Webservices verwendet van der Aalst folgende Abbildung:

---

[2] (vgl. [Schmelz], S. 45)

| | |
|---|---|
| **Webservice composition:** **BPEL4WS, XLANG, WSFL, etc.** | **Publication and discovery: UDDI** |

**Service description layer: WSDL**

**XML messaging layer: SOAP**

**Transport layer: HTTP, SMTP, FTP, etc.**

Abbildung 1: Webservice Technologien; in Anlehnung an van der Aalst

Wie angedeutet, gibt es eine Reihe von Composition Languages. Die genannten Standards sind sich in ihrem Funktionsumfang sehr ähnlich. Zudem basieren alle auf XML um eine einfache Integration der Webservices zu gewährleisten.

Webservice Composition Languages haben also zum Ziel, Geschäftsprozesse abzubilden. Dabei stellen diese die Mittel bereit, um ein geeignetes Prozess Modell zu definieren.

Wie in Abb. 1 ersichtlich, setzen die Composition Languages direkt auf den Webservices auf. Webservices sind ihrerseits zusammengesetzt aus sog. Ports, die Operationen bereitstellen. Operationen sind z.B. das Empfangen oder Senden von Nachrichten. Bei der Abbildung eines ganzen Geschäftsprozesses müssen also Strukturen geschaffen werden, die dazu da sind, eine große Menge von Operationen adäquat anzuordnen.

## 2.2 Entstehung von BPEL4WS

Einen Vertreter der oben genannten Composition Languages stellt BPEL4WS dar. Im Folgenden werden die Begriffe BPEL4WS und BPEL synonym verwendet, da in der Literatur keine Differenzierung vorgenommen wird.

BPEL4WS wurde von Microsoft, IBM, Siebel, Bea und SAP als eine Aggregation und eine Weiterentwicklung der beiden Sprachen XLANG und WSFL vorgestellt. Momentan liegt eine

Version von BPEL4WS in der Version 1.1 vor, die im Mai 2003 spezifiziert wurde (vgl. [spez]).

XLANG ist eine Entwicklung von Microsoft, während IBM mit WSFL ein eigenes Konzept zur Webservice Composition hatte. Während WSFL eine Graph-orientierte Sprache darstellt, verwendet XLANG eine Block-Strukturierte Notation. XLANG verfügt im Gegensatz zu WSFL über Konzepte der Fehlerbehandlung.

Im Falle von BPEL4WS haben beide Firmen zusammengearbeitet, mit dem Ziel, die Vorteile beider Sprachen in einer Sprache zu integrieren (vgl. [ibm]). Dadurch profitiert BPEL4WS, als sehr neue Sprache, von Forschungs- und Entwicklungsarbeit für XLANG und WSFL, die über zehn Jahre angedauert hat. Derweil sind die Erwartungen an BPEL4WS hoch: BPEL4WS hat das Zeug sich zum Standard auf dem Gebiet der Beschreibung von Geschäftsprozessen auf Basis von Webservices zu entwickeln (vgl. [IX], Seite 1).

Hintergründig war es von IBM und Microsoft sicherlich ein Ziel, durch das Zusammenlegen ihrer beiden Lösungsansätze für Webservice Composition, eine bessere Perspektive zur Durchsetzung am Markt zu erlangen. Dies wird jedoch nicht allein dadurch erreicht, dass zwei der größten Softwarehersteller der Welt sich auf ein Konzept einigen. Darüber hinaus muss das neue Konzept BPEL4WS auch messbare Vorteile gegenüber anderen Sprachen wie WSCI oder BPML besitzen.

Oracle, selbst Hersteller eines BPEL Tools, beschreibt das Ziel von BPEL als eine Bereitstellung eines umfassenderen und zugleich einfacheren Standards im Hinblick der Realisierung technischer Erfordernisse, wie z.B. synchroner und asynchroner Nachrichtenaustausch, Datenmanipulation, Ausnahmebehandlung, Ablauf Koordination etc.(vgl. [oracle]). Nachdem in Kapitel 4 dieser Arbeit die Grundlagen von BPEL4WS erläutert werden, folgt in Kapitel 5 unter anderem eine kurze Bewertung dieser technischen Erfordernisse.

# 3 BPEL4WS

Im Folgenden werden nun die Grundlagen von BPEL4WS erläutert. Die Informationen für die anschließende Einführung stammen, sofern nicht anders angegeben, aus der öffentlichen BPEL4WS Spezifikation [spez] von IBM, die sich inhaltlich nicht von den Veröffentlichungen von BEA, Microsoft, SAP und Siebel unterscheidet.

## 3.1 Konzepte

Grundsätzlich bietet BPEL4WS zwei Konzepte an:

- Definition von abstrakten Prozessen
- Definition von ausführbaren Geschäftsprozessen

Abstrakte Prozesse bieten die Möglichkeit der Schaffung einer Sicht auf einen privaten Geschäftsprozess, ohne auf die Implementierung einzugehen. Dabei bleibt das interne Verhalten der kommunizierenden Partner außen vor; beschrieben wird nur der Nachrichtenaustausch zwischen ihnen. Die Verwendung von abstrakten Prozessen kann ein erster Schritt in Richtung Realisierung eines ausführbaren Geschäftsprozesses sein. Abstraktion bedeutet ein Ausblenden von detaillierten Abläufen auf den verbundenen Beteiligten (*partner*). Abstrakte Prozesse stellen hinsichtlich ihrer Ausdrucksmöglichkeit eine Untermenge von ausführbaren Geschäftsprozessen dar und können jeder Zeit zu letzteren erweitert werden.

Zu ausführbaren Geschäftsprozessen schreibt van der Aalst:

*„An executable process, which is also the focus of this paper, specifies the execution order between a number of activities constituting the process, the partners involved in the process, the messages exchanged between these partners, and the fault and exception handling specifying the behaviour in cases of errors and exception."*

(vgl. [aalst2], Kapitel 2, Seite 3, Zeile 12 ff.)

D.h., es geht im Gegensatz zu den abstrakten Prozessen nicht nur um den Nachrichtenaustausch, sondern vielmehr um das „Managen" von Aktivitäten, die den Prozess ausmachen. Die Fehler- und Ausnahmenbehandlung ist ebenfalls ein Kern-Bestandteil von BPEL4WS, auf das später noch eingegangen wird.

## 3.2 Definition des Prozesses

Bevor mit Beschreibung eines BPEL Prozesses begonnen wird, erscheint eine kurze Einordnung noch wichtig: Ein solcher Prozess ist nichts anderes als die Beschreibung einer logischen Verkettung von beliebig vielen Webservices. Deswegen ist es zum einen notwendig, die verschiedenen Schnittstellen der involvierten Webservices zu kennen, als auch eine Vielzahl von Beziehungen zwischen diesen abzubilden, sowie eine Menge von Regeln bezüglich des Ablaufs von Kommunikations-Aktivitäten.

Das Definieren eines BPEL Prozesses lässt sich in die Erstellung zweier Dokumente einteilen (vgl. [Voigt] S. 21):

1. Beschreibung der Services
2. Beschreibung des Prozesses

## 3.3 Servicebeschreibung

Die Servicebeschreibung ist ein WSDL Dokument. Dadurch wird beschrieben, welche Dienste der Service Anbieter bereitstellt und wie diese zu nutzen sind. Der Service Anbieter ist bei BPEL4WS der Prozess selbst, denn dieser ist für den Service Nutzer nichts anderes als ein Webservice. Jedoch nutzt der Prozess selbst auch Webservices. Die Servicebeschreibung stellt dabei abstrakte Beziehungen zwischen den Schnittstellen der verwendeten Webservices her.

In der folgenden Tabelle sind XML Elementnamen aufgelistet, die der Service Beschreibung dienen.

| | |
|---|---|
| \<portType\> | Beschreibt Service Schnittstelle |
| \<partnerLinkTy-pe\> | Beschreibt eine abstrakte Kommunikationsbeziehung zwischen zwei Services; besteht aus den Rollen der Teilnehmer |
| \<operation\> | Sind aus *messages* zusammengesetzt |
| \<message\> | Sind Teil einer Operation |
| \<role\> | Sind Teil eines *partnerLinkType* und verweisen direkt auf die *portTypes* |
| \<fault\> | Können innerhalb eines *portType* definiert werden; benennen mögliche Fehlerzustände |

Tabelle1: Konstrukte der Servicebeschreibung

Ein solches Dokument hat viel Ähnlichkeit mit einer Standard WSDL Beschreibung eines Webservices. Durch die einheitliche Beschreibung von Webservices wird von den internen heterogenen Implementationen abstrahiert. Ein Dienstnutzer kann dem Webservice eine Anfrage nach dem vorgegebenen (WSDL) Schema stellen. Der Dienstanbieter stellt also seine Schnittstellen zur Verfügung.

Dazu gibt es in der Spezifikation zu BPEL4WS folgende Bemerkung:

> *"A BPEL4WS process is defined "in the abstract" by referencing only the portTypes of the services involved in the process, and not their possible deployments. Defining business processes in this way allows the reuse of business process definitions over multiple deployments of compatible services."* (vgl. [spez] , Kapitel 6.1)

Dadurch, dass die Service Beschreibung keine Service spezifischen Details beschreibt, ist es nicht zwingend, sich bei der Prozessdefinition auf die Nutzung eines bestimmten Webservices festzulegen. Durch Definition eines *portType* reicht es zu deklarieren, von welchem Typ der

Service ist, z.B. „Kreditprüfung".

Ein *portType* kann dabei mehrere Operationen beinhalten. Eine *operation* ist z.B. das Senden oder Empfangen einer Service Anfrage. Einen *portType* kann man sich als einen Teil des ganzen Webservice vorstellen, indem zusammengehörige Operationen zusammengefasst werden. *portTypes* von verschiedenen Webservices werden durch *partnerLinks* logisch verkettet. Ein *partnerLinkType* bildet eine abstrakte Kommunikationsbeziehung ab. Darin können bis zu zwei Rollen definiert werden. Den betreffenden *portTypes* wird also höchstens eine Rolle zugeordnet. *Messages* beschreiben die Form der Übertragung, und können Operationen zugeordnet werden. Durch das Attribut *type* kann ein XML-Namespace referenziert werden. Damit wird das Aussehen einer *message* festgelegt.

Im fault Konstrukt kann ein Fehler benannt werden. Zusätzlich kann hier auf *messages* verwiesen werden, die im Fehlerfall verschickt werden. In der nun folgenden Prozessbeschreibung kann definiert werden, in welchem Kontext dieser Fehler auftreten kann.

## 3.4 Prozessbeschreibung

In der Prozessbeschreibung wird der komplette Ablauf des BPEL Prozesses abgebildet. Dazu sind verschiedene Konstrukte vorgesehen, die im Folgenden betrachtet werden.

Die Prozessbeschreibung besteht aus *partnerLinks, variables, faultHandlers, compensationHandlers* und *correlations.* Zudem gibt es so genannte *activities,* auf die später eingegangen wird. Tabelle 2 gibt einen ersten Überblick:

| | |
|---|---|
| <partnerLink> | Stellt eine konkrete Beziehung zwischen dem Prozess und einem Service dar |
| <variable> | Ort zum Speichern von wieder zu verwendenden Daten |
| <faultHandler> | Fehlerbehandlung |
| <compensationHandler> | Zurücksetzen von bestimmten Aktivitäten |
| <correlationSets> | Übernimmt die Zuordung von Nachrichten zu Prozessinstanzen [Voigt] |

Tabelle2: Konstrukte der Prozessbeschreibung

*PartnerLinks* gehen auf die im WSDL Dokument definierten *partnerLinkTypes* zurück. Jeder *partnerLink* verweist auf einen *partnerLinkType* und übernimmt somit die dort abstrakt deklarierten Eigenschaften.

Es ist möglich, innerhalb eines Prozesses mehrere *partnerLinks* auf Basis des gleichen *partnerLinkTypes* zu vereinbaren. Das können beispielsweise mehrere Zulieferer innerhalb eines gemeinsamen Bestellprozesses sein.

Dabei wird innerhalb der *partnerLink* Definition auch auf die in dem *partnerLinkType* angegebenen *portTypes* Bezug genommen. Als *myRole* wird derjenige *portType* bezeichnet, dessen Rolle der aufrufende Prozess innehat. Der genutzte *portType* auf der anderen Seite der Kommunikation wird als *partnerRole* im *partnerLink* spezifiziert.

Folgendes Listing zeigt ein Beispiel[3] aus der BPEL4WS Spezifikation [spez]:

```
<partnerLinks>
   <partnerLink name="ncname" partnerLinkType="qname"
           myRole="ncname"? partnerRole="ncname"?>+
   </partnerLink>
</partnerLinks>
```

Eine *variable* ist dazu da, Informationen über den Status eines Geschäftsprozesses zu speichern. Diese Informationen liegen in Form von *messages* vor, die einem Partner geschickt werden sollen, oder von einem solchen empfangen wurden. In der Beschreibung von Aktivitäten kann zwischen *input-* und *output-variables* unterschieden werden. Vergleichbar mit anderen Programmiersprachen gibt es globale und lokale Variablen, je nach dem wo die Variable definiert wird (vgl. [spez], Kaptitel 9.2).

```
<variables>
   <variable name="ncname" messageType="qname"?
             type="qname"? element="qname"?/>+
</variables>
```

Ein *faultHandler* hat die Aufgabe einen Fehler zu erkennen und anschließend eine Aktivität auszuführen.

Compensation beschreibt das Rückgängigmachen einer Aktivität. Dies kann sinnvoll sein, falls in einer Folge von Operationen Fehler aufgetreten sind. Z.B. kann somit ein Teil einer Buchung zurückgesetzt werden, um Inkonsistenzen zu vermeiden. Es ist nicht möglich, bereits ausge-

Seite 13

führte Aktivitäten zurückzusetzen. Jedoch können Aktivitäten eines *scopes* durch *compensationHandler* direkt rückgängig gemacht werden.

*CorrelationSets* sind Konstrukte die dazu dienen, die verschiedenen Instanzen, in denen ein BPEL Prozess läuft, zu unterscheiden. Dies ist nötig, weil parallel mehrere Instanzen eines Prozesses laufen können. Wenn eine Bank in der Rolle eines Service Anbieters gleichzeitig zwei Anfragen bezüglich einer Liquiditätsprüfung erhält, so muss sichergestellt werden, dass die Antwort Nachrichten auch den richtigen Anfrager erreicht. In BPEL4WS werden dazu den *messages* eindeutige Token angehängt. Eine Antwort *message* erhält ferner denselben Token wie die Anfrage *message*, so dass eine korrekte Zuordnung gegeben ist.

### 3.4.1 Primitive Aktivitäten

In BPEL gibt es folgende „primitive" Aktivitäten:

| | |
|---|---|
| <invoke> | Aufrufen einer Operation auf einem Webservice |
| <receive> | Empfangen: warten bis eine Nachricht eintrifft |
| <reply> | Einer externen Quelle antworten |
| <wait> | Warten für eine bestimmte Zeit |
| <assign> | Kopieren von Daten zwischen zwei Orten |
| <throw> | Erkennen von Fehlern in der Prozessausführung |
| <terminate> | Beenden der Prozessinstanz |
| <empty> | „nichts tun" |

Tabelle3: Primitive Aktivitäten in Anlehnung an van der Aalst, (vgl. [aalst2], S.3)

Primitive Aktivitäten – in der Spezifikation auch *Basic Activities* genannt - sind nicht weiter zerlegbar und bilden einen Teil der Strukturierenden Aktivitäten[Voigt]. Ein Beispiel einer *Basic Activity* ist das *<invoke>* Statement:

```
<invoke  partnerLink="shipping"
         portType="lns:shippingPT"
```

---

[3] Die folgenden Code–Beispiele stammen alle aus der öffentlichen Spezifikation [spez].

```
   operation="requestShipping"
   inputVariable="shippingRequest"
   outputVariable="shippingInfo">
      <source linkName="ship-to-invoice"/>
  </invoke>
```

Im abgebildeten *<invoke>* Konstrukt sind folglich alle Informationen zu finden, die gebraucht werden um eine Operation auf einem Service aufzurufen: Der portType definiert die Schnittstelle; der *partnerLink* sagt aus, in welchem Kommunikations-Zusammenhang der Service aufgerufen wird; *operation* gibt an, welche vorher definierte Operation ausgeführt werden soll. *InputVariable* und *outputVariable* enthalten die Daten, die zum Service übertragen werden bzw. jene, die im Anschluss empfangen werden. Falls nur die *inputVariable* gesetzt wird, wird implizit eine asynchrone Kommunikation getätigt. Die *invoke* Aktivität erwartet dann keine direkte Antwort. Diese kann später über ein *receive* erfolgen. Das Element *source* gibt eine logische Abhängigkeit zu einer anderen Aktivität an. In diesem Fall ist die Aktivität „*ship-to-invoice"* erst nach Beenden der beschriebenen *invoke* Aktivität „*shipping"* auszuführen. Dazu ist noch eine Definition von *links* notwendig, die zu Anfang des *flows* steht, z.B.:

```
  <links>
     <link name="ship-to-invoice"/>
     <link name="ship-to-scheduling"/>
  </links>
```

## 3.4.2   Strukturierte Aktivitäten

Strukturierte Aktivitäten (*structered activities*) sorgen für die Verkettung der einzelnen primitiven Aktivitäten.

| | |
|---|---|
| <sequence> | Definieren der Reihenfolge der Aktivitäten Ausführung |
| <switch> | An Bedingung geknüpfte Wahl der auszuführenden Aktivität |
| <pick> | Ermöglicht Reaktion auf eintreffendes Ereignis, z.B. *message* |
| <while> | Definition einer Schleife, n-malige Ausführung der Aktivität |
| <flow> | Parallele Ausführung der eingeschlossenen Aktivitäten |
| <scope> | Umschließt eine Menge von Aktivitäten, die die gleiche Fehlerbehandlung beanspruchen |

Tabelle4: Strukturierende Aktivitäten in Anlehnung an van der Aalst (vgl. [aalst2], S.3)

Die *sequence* Aktivität umschließt die Aktivitäten, die sequentiell hintereinander ausgeführt

werden sollen. Z.B. kann eine *sequence* zuerst ein *invoke* beinhalten, indem ein Webservice aufgerufen wird und anschließend ein *receive*, das die Antwort des Webservices entgegennimmt.

```
<sequence standard-attributes>
    standard-elementsactivity+
  </sequence>
```

*Switch* ist ein Konstrukt, das an Bedingungen geknüpft ist. Im *switch* Konstrukt können beliebig viele *case* Elemente definiert werden, die jeweils eine Bedingung enthalten. Jedem *case* Element können Aktivitäten untergeordnet werden, die nur in dem Fall ausgeführt werden, falls die entsprechende Bedingung wahr ist. In einem *otherwise* Element kann ein Default definiert werden, der dann eintritt, wenn keine der in den *cases* beschriebenen Zustände eintritt.

```
<switch standard-attributes>
   standard-elements
   <case condition="bool-expr">+
     activity
   </case>
   <otherwise>?
     activity
   </otherwise>
  </switch>
```

Das *while* Element beschreibt eine klassische Schleife. Auch hier können wieder beliebige Aktivitäten definiert werden. Diese werden so lange wiederholend ausgeführt, bis eine Boolsche Bedingung nicht mehr länger den Wert *true* besitzt.

```
<while condition="bool-expr" standard-attributes>
    standard-elementsactivity
  </while>
```

Mit dem pick Konstrukt ist es möglich auf bestimmte Ereignisse zu reagieren. Während beim *switch* Element Aktivitäten aufgrund von bestimmten Belegungen von Variablen ausgeführt werden, wird bei pick die Auswahl einer Aktivität bei Eintritt von *events* realisiert. Ein solches *event* kann das Eintreffen einer *message* von einem bestimmten Partner sein. Zudem ist es mit Hilfe von *onAlarm* möglich, die Ausführung einer Aktivität bei Ablauf eines Timers auszulösen.

```
<pick createInstance="yes|no"? standard-attributes>
  standard-elements
  <onMessage partnerLink="ncname" portType="qname"
             operation="ncname" variable="ncname"?>+
    <correlations>?
      <correlation set="ncname" initiate="yes|no"?>+
    </correlations>
    activity
  </onMessage>
  <onAlarm (for="duration-expr" | until="deadline-expr")>*
    activity
  </onAlarm>
</pick>
```

Das *flow* Element ermöglicht die parallele Durchführung von Aktivitäten. Werden in einem *flow* Element mehrere Aktivitäten beschrieben, so werden diese parallel ausgeführt. Diese Aktivitäten können sowohl primitive als auch strukturierte Aktivitäten sein. Z.B. können innerhalb eines *flows* mehrere *sequences* definiert werden, die gleichzeitig ausgeführt werden können.

```
<flow standard-attributes>
    standard-elements
    <links>?
      <link name="ncname">+
    </links>

    activity+
  </flow>
```

*Scope* hat im Gegensatz zu den anderen strukturierten Aktivitäten weniger mit der Ausführung der Aktivitäten und der Reihenfolge dieser zu tun. *Scope* ist eher ein Konstrukt, das Aktivitäten beinhaltet, die die gleiche Fehlerbehandlung erfahren sollen. Dazu können dann auch *event handlers, compensation handler, data variables* und *correlation sets* gruppiert werden (vgl. [spez], Kapitel 13).

```
<scope variableAccessSerializable="yes|no" standard-attributes>
    standard-elements
    <variables>?
      ...
    </variables>
    <correlationSets>?
      ...
    </correlationSets>
    <faultHandlers>?
```

```
    ...
  </faultHandlers>
  <compensationHandler>?
    ...
  </compensationHandler>
  <eventHandlers>?
   ...
  </eventHandlers>
  activity
</scope>
```

## 3.5 Beispiel eines Prozesses „Reise Buchen"

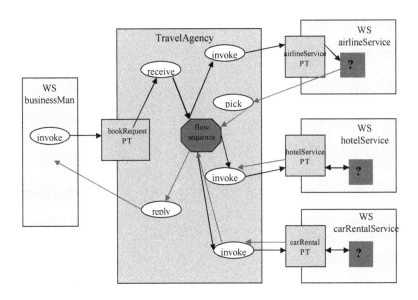

Abbildung 2: Prozess „Reise Buchen"; Struktur in Anlehnung an ([martens1], S. 24)

Die obige Abbildung zeigt ein grafisches Beispiel eines Prozesses, der eine Reisebuchung beschreibt. Folgende Ausführungen beziehen sich auf ein Anwendungsbeispiel eines BPEL4WS Prozesses, das [martens2] entnommen ist. Der zugehörige BPEL-Code befindet sich in Abbildung 3. Da hier vor allem der Ablauf eines BPEL Prozesses verdeutlicht werden soll, beinhaltet das Beispiel nur eine Prozessbeschreibung – keine Servicebeschreibung.

Das Szenario besteht aus einem Geschäftsmann (*businessMan*), der seine Reisen von einem Dienstleister (*TravelAgency*) organisieren lässt. Diese „*Travelagency*" ist dafür verantwortlich, einen Flug zu buchen (*airlineService*), ein Hotelzimmer zu reservieren (*hotelService*) und einen Mietwagen zu bestellen (*carRentalService*). Dabei stellen die Rollen *businessMan*, *airlineService*, *hotelService* und *carRentalService* Webservices dar, die in der Grafik gelb unterlegt sind. Die *Travelagency* selbst ist ebenfalls ein Webservice. Im Beispiel ist sie grau hinterlegt, um auszudrücken, dass hier der eigentliche Prozess definiert wird. Die Pfeile in der

Grafik stellen den Datenfluss dar. Ein schwarzer Pfeil steht für einen Aufruf, ein blauer Pfeil symbolisiert einen Antwort Datenfluss. Am Anfang des Prozesses löst der *businessman* durch ein *invoke* über den *Porttype* „*bookRequestPT*" eine Reisebuchung aus. Hiermit übergibt der *businessman* Daten wie Ort, Zeit und Dauer der gewünschten Reise. Die *Travelagency* nimmt die Anfrage über ein *receive* entgegen. Das entsprechende Code-Beispiel aus der Prozessbeschreibung findet sich an der Stelle „(1)" der Abbildung „Code-Beispiel Reise Buchen". Anschließend soll in der Grafik durch einen Pfeil auf das dunkel rote Achteck angedeutet werden, dass alle folgenden primitiven Aktivitäten logisch durch die strukturierten Aktivitäten *sequence* und *flow* verknüpft sind. Die Reihenfolge der Aufrufe der drei Webservices auf der rechten Seite lässt sich der Grafik nicht entnehmen. Aus dem Code-Beispiel wird ersichtlich, dass der Webservice „*hotelService*" sinnvoller Weise erst nach erfolgreichem Buchen eines Fluges aufgerufen wird. Angenommen wird in diesem Fall, dass das Buchen eines Hotelzimmers nie scheitert. Dagegen wird die Anfrage zur Reservierung eines Mietwagens parallel zur Flugbuchung gestartet. Jedoch kann der Mietwagen noch nicht definitiv gebucht werden, bevor der Flug nicht fest steht. Diese Abhängigkeit der nebenläufigen Aktivitäten wird in BPEL4WS durch die Angabe von *links* ausgedrückt. An der zweiten Markierung (2) in Abbildung 3 ist dies realisiert, so dass die Mietwagenbuchung erst im Anschluss an die Flugbuchung geschehen kann.

Parallel zum Aufruf des Webservice „*carRentalService*", der im Anschluss beschrieben wird, wird nun der „*airlineService*" durch ein *invoke* aufgerufen (2). Daraufhin wartet der Prozess auf das Eintreffen einer Nachricht des *Porttypes* „*airlineServicePT*". Dies geschieht durch das *pick* Konstrukt. Je nachdem, ob der gewünschte Flug frei ist oder nicht, trifft eine Nachricht mit der Operation „*answer*" (4) bzw. mit der Operation „*noFlightAvailable*" ein. Im letzteren Fall wird ein „*error*" an den *businessman* zurückgeschickt und der Prozess terminiert. Ansonsten ist der nächste Schritt das Buchen des Hotelzimmers. Dies geschieht ebenfalls über ein *invoke*. Der zugehörige Ziel-*Porttype* ist „*hotelServicePT*" (5). Durch die Annahme, dass ein Hotelzimmer immer gebucht werden kann, muss hier keine Fallunterscheidung gemacht werden. Wie erwähnt findet während dieser Prozesskette das Buchen des Mietwagens statt (7). Durch eine *while* Schleife wird der Webservice so lange mit verschiedenen Parametern aufgerufen, bis dieser ein akzeptables Ergebnis, d.h. einen passenden Mietwagen zu gewünschter Zeit und gewünschtem Ort zurückgibt. Ist dies der Fall, bestimmt der Zustand des

parallelen Prozessgangs, ob die Buchung des entsprechenden Mietwagens vollzogen werden kann. Die Abhängigkeit der beiden parallelen „Unterprozesse" des Flugbuchens und des Mietwagenbuchens wird durch *links* beschrieben. Dabei wird die abhängige Aktivität, in diesem Fall „*bookCar*" (8), als *target link* gekennzeichnet, während die Flugbestätigung als *source link* markiert wird (4). Schließlich ist somit das Buchen des Mietwagens möglich (8). Anzumerken ist, dass die beiden Webservices „*hotelService*" und „*carRentalService*" jeweils durch einen synchronen Aufruf in den Prozess eingebunden werden. Durch das *invoke* wird hier implizit eine Rückantwort von dem entsprechenden Service erwartet. Im Gegensatz dazu findet der Aufruf von „*airlineService*" asynchron statt. Dabei wird im *invoke* Statement auf das Setzen einer *outputVariable* verzichtet (6); das anschließende *pick* beschreibt stattdessen den Empfang einer Nachricht.

```
<sequence>
    <receive partner="businessMan"
            portType="bookRequestPT"          1
            operation="bookTrip"
            variable="bookRequest"
            createInstance="yes">
    </receive>

<flow>
    <links>
        <link name="flightOkay-bookCar"/>
    </links>

<sequence>
    <invoke partner="airlineService"
        portType="airlineServicePT"           2
        operation="checkAndBook"
        inputVariable="bookRequest">          6
    </invoke>
    <pick>
     <onMessage partner="airlineService"
        portType="airlineServicePT"           3
        operation="noFlightAvailable"
        variable="error">
     <sequence>
     <reply partner="businessMan"
        portType="bookRequestPT"
        operation="bookTrip"
        variable="error"
        faultName="noFlight">
     </reply>
     <terminate>
     </terminate>
     </sequence>
     </onMessage>
```

```
<onMessage partner="airlineService"
    portType="airlineServicePT"
    operation="answer"                        4
    variable="bookConfirm">
<sequence>
<empty>
    <source linkName="flightOkay-bookCar"/>
</empty>
<invoke partner="hotelService"
    portType="hotelServicePT"               5
    operation="bookHotel"
    inputVariable="bookRequest"
    outputVariable="bookConfirm">
</invoke>
</sequence>
</onMessage>
</pick>
</sequence>
<sequence>
    <while condition="bookRequest.carAvailable=false">
    <invoke partner="carRentalService"
        portType="carRentalPT"               7
        operation="checkAvailability"
        inputVariable="bookRequest"
        outputVariable="bookRequest">
    </invoke>
    </while>
    <invoke partner="carRentalService"
        portType="carRentalPT"               8
        operation="bookCar"
        inputVariable="bookRequest"
        outputVariable="bookConfirm"
        <target linkName="flightOkay-bookCar"
    </invoke>
</sequence>
</flow>
```

Abbildung 3: Code-Beispiel „Reise Buchen" (vgl. [martens2], S. 80 ff)

## 3.6 Tools für die Entwicklung/Abwicklung eines Prozesses

In der Praxis existieren verschiedene Produkte, um den Einsatz von BPEL zu ermöglichen. Man kann dabei zwei wichtige Funktionen im Hinblick der Implementierung eines BPEL Prozesses unterscheiden.

Zum einen bieten viele Werkzeuge eine Möglichkeit, die Modellierung eines BPEL Prozesses zu unterstützen. Dies wird im besten Fall auch graphisch unterstützt, was die Anschaulichkeit für den Entwickler erhöht. Zudem dienen die Werkzeuge dazu, die Erstellung des Quelltextes zu vereinfachen und zu beschleunigen.

Die zweite Funktion ist die eigentliche Ausführung des Prozesses. Hierbei bieten die Werkzeuge eine Serverfunktionalität an bzw. setzen auf etablierte Server wie z.B. Apache auf (vgl. [will]).

Im Folgenden werden drei Beispiele für derartige Werkzeuge vorgestellt.

### 3.6.1 IBM BPWS4J

BPWS4J ist eine Entwicklung von IBM und beinhaltet eine Plattform zur Ausführung von BPEL4WS Code sowie eine Funktion zur Validierung von BPEL Quelltext. Darüber hinaus enthält es Beispiele für den Gebrauch von BPEL4WS. Das Werkzeug wurde 2002 im Zuge der Vorstellung von BPEL4WS von IBM veröffentlicht.

Um die Modellierung von Prozessen zu vereinfachen, verfügt BPWSJ über ein Plugin für die Entwicklungsumbebung Eclipse[4] (vgl. [mici], S. 11). Damit es möglich, BPEL Dateien zu erstellen und zu verändern. Zunächst muss der Entwickler statische Konstrukte wie Partner und Variablen definieren. Danach kann er dazu übergehen einzelne Aktivitäten zu definieren. In Auswahlfenstern sind die entsprechenden Partner und Variablen anschließend in die Aktivitäten -Konstrukte aufzunehmen (vgl. [will]).

Der Benutzer wird dabei nicht mit dem eigentlichen Quelltext konfrontiert, sondern die Aktivitäten werden in einer Baumstruktur wiedergegeben. Durch die Abstraktion vom Quelltext kann der Benutzer nur syntaktisch gültige Aktivitäten definieren, da die Auswahllisten automatisch die an der Stelle möglichen Elemente und Attribute anbieten.

In einer anderen Sicht hat der Entwickler auch die Möglichkeit, direkt im XML Quelltext zu editieren. Ein XML Parser sorgt auch hier direkt für das Validieren des Codes, jedoch gibt es keine Hilfestellung wie in der Standard Sicht (vgl. [will]).

Um die eigentliche Ausführung des Prozesses zu ermöglichen besitzt BPWS4J eine eigene *Runtime Engine*. BPWS4J beinhaltet keine eigene Serverfunktionalität, deswegen wird ein Applikationsserver wie Apache Tomcat oder IBM Websphere benötigt (vgl. [myweb]). Über ein Webinterface gibt es die Möglichkeit laufende BPEL Prozesse aufzulisten, neu Prozesse hinzuzufügen oder Prozesse zu löschen. Für das Starten eines neuen Prozesses werden WSDL

---

[4] Eclipse ist eine Open Source Entwicklungsumgebung für die Programmiersprache Java. (vgl. http://eclipse.org/)

Dateien der interagierenden Webservices, eine WSDL Datei für die Schnittstelle des BPEL Prozesses und eine BPEL Datei für die Prozessbeschreibung benötigt. Ferner kann ein SOAP Endpunkt generiert werden, durch den eine Kommunikation mit dem Prozess von außen stattfinden kann (vgl. [mici], S. 11).


### 3.6.2 Microsoft BizTalk Server 2004

Eine weitere Plattform zur Unterstützung der Entwicklung und der Ausführung von BPEL Prozessen stellt der BizTalk Server von Microsoft dar. BizTalk existiert seit einem Jahr in der Version 2004. Es handelt sich um einen Integrationsserver, der Unternehmen die Grundlage bietet, verschiedenste Anwendungen miteinander zu koppeln. Verschiedene Prozesse regeln dabei die Koordination. Das Konzept konzentriert sich also auf die Integration von verschiedenen, bereits vorhandenen Systemen. Dabei ist BizTalk nicht allein von der Verwendung von Webservices abhängig:

„BizTalk Server 2004 kommt standardmäßig mit sieben fest integrierten Adaptern, über die Daten per Web Services, Microsoft Message Queuing Services (MSMQ), HTTP, SMTP, EDI, SQL Server oder über auf dem File System abgelegte Dateien ausgetauscht werden können."(vgl. [bertschy])

Die Entwicklungsumgebung, in der sich Geschäftsprozesse entwickeln lassen, ist MS Visual Studio. In Visual Studio sind alle BizTalk Werkzeuge integriert. Wie sich erkennen lässt, ist BizTalk keine Umgebung für BPEL Prozesse im Speziellen. Jedoch unterstützt der BizTalk Server in der Version 2004 das Exportieren von BPEL Dateien. Das Importieren von BPEL Dateien ist nicht möglich; eine Änderung bestehender Prozesse wird also nicht unterstützt (vgl. [will]).

Der „Orchestration Designer", eine Komponente von BizTalk in Visual Studio, dient der graphischen Modellierung von Prozessen. Mit Hilfe von „Drag and Drop" lassen sich auf einfache Weise Aktivitäten, Verzweigungen etc. zu Ablaufmodellen für (Geschäfts-)Prozesse zusammenstellen. Die Namen der verwendeten Symbole sind nicht identisch mit der BPEL Spezifikation: z.B. entsprechen „*parallel actions*" in der BizTalk Welt den „*flows*" aus dem BPEL4WS Konzept.

Im Gegensatz zu BPWS4J bietet BizTalk mit Visual Studio jedoch eine deutlich komfortablere Entwicklungsumgebung an. Eine graphische Prozesserstellung sowie die für Visual Studio typische automatische Vervollständigung erleichtern die Arbeit. Der Export des Projekts als BPEL Datei hat jedoch den Nachteil, dass BizTalk nur die veraltete Spezifikation 1.0 anstatt der aktuellen 1.1 Version ausgibt (vgl. [will]).

Die Ausführung eines Prozesses nach dem Export der BPEL Dateien wird durch den Microsoft Server 2003 sowie den MS SQL Server 2000 unterstützt.

### 3.6.3    Oracle BPEL Process Manager

Der Oracle BPEL Process Manager ist ursprünglich unter dem Namen Collaxa Server von Collaxa entwickelt worden. Mitte 2004 hat der Softwarehersteller Oracle die Firma Collaxa übernommen, um die BPEL Software in die eigene SOA Philosophie einzugliedern.

Der BPEL Process Manager besteht aus vier Teilen: BPEL Designer, BPEL Server, BPEL Console und Database. Der BPEL Designer ermöglicht die Erstellung von BPEL Prozessen in einer graphischen Umgebung. Wie beim BizTalk Server gibt auch hier die Funktion, Aktivitäten per „Drag and Drop" manuell zu einem Prozess zu formen. Allerdings handelt es sich im Gegensatz zu BizTalk um einen echten BPEL Designer, der die Aktivitäten auch der Spezifikation entsprechend umsetzt (vgl. [will]). Der Designer stellt zurzeit, ähnlich dem BPWS4J, noch ein Plugin für die Eclipse Entwicklungsumgebung dar. Es ist davon auszugehen, dass der BPEL Designer in Zukunft jedoch in den eigenen Oracle JDeveloper eingegliedert wird (vgl. [matijas]). Aus dem Designer können die entwickelten Prozesse direkt zum Server exportiert werden. Der BPEL Server läuft in einem J2EE Applikationsserver wie Oracle OC4J, JBoss, Bea Weblogic oder auf Servern von IBM oder Sun. Der BPEL Server ist für die Ausführung der Prozesse zuständig. Diese laufen in der integrierten BPEL Engine. Administriert werden kann der Server über die BPEL Console, über die auch die Prozesse instanziiert werden. Die BPEL Console nutzt ein Web Interface. Auf diesem werden z.B. auch laufende Prozesse graphisch angezeigt und Informationen über historische Prozessdaten präsentiert.

## 3.7 Kritik, Stärken, Schwächen

Der erste Teil dieses Kapitels (3.7.1) hat als Schwerpunkt die Analyse von BPEL4WS anhand von festgelegten Kriterien. Diese Kriterien beziehen sich stark auf die Möglichkeiten, die BPEL4WS bietet, gewisse Abläufe zu modellieren. Im Wesentlichen basieren alle Ausführungen in diesem Teil auf der Arbeit von van der Aalst, der das Thema BPEL aus der (wissenschaftlichen) Sicht eines Autors betrachtet, der sich stark mit dem Gebiet „Workflow Management" beschäftigt. Demgegenüber beschäftigt sich Kapitel 3.7.2 eher mit der Kritik, die von Autoren stammen, die sich mit dem Bereich SOA[5] und Webservices befassen. Hier wird vor allem auf die Stärken und Schwächen von BPEL4WS in der Praxis eingegangen.

### 3.7.1 Beurteilung in Bezug zu den Erfordernissen eines Workflows

Workflow Pattern sind typische Muster, die Workflow Sprachen hinsichtlich ihrer Ausdrucksmöglichkeiten miteinander vergleichbar machen. Obwohl BPEL4WS keine Workflow Sprache ist, macht es Sinn BPEL4WS anhand von sog. Workflow Pattern[6] zu bewerten. Van der Aalst schreibt dazu: „Web services composition and workflow management are related in the sense that both are concerned with executable processes. Therefore, much of the functionality in workflow management systems is also relevant for web services composition languages like BPEL4WS, XLANG, and WSFL (vgl. [aalst2], S.3-4)."
Im Folgenden wird für das englische Wort „Pattern" auch das deutsche Wort Muster verwendet. Diese „Pattern" bestehen aus Konstrukten wie Sequence, Parallel Split, Synchronization, Multi-choice oder Cancel Activity. Mit diesen Kriterien vergleicht van der Aalst in [aalst1] eine Reihe von Webservice Composition Sprachen. Dabei ordnet er in einer Tabelle ausgewählte Sprachen mit Workflow Elementen den erwähnten Mustern zu. Je nachdem ob die Sprache ein Muster unterstützt, z.B. BPEL4WS realisiert das Merkmal des „multi-choice", wird entweder ein „-" oder ein „+" zugeordnet. Die Bewertung „+/-" erfolgt bei einer nur teil-

---

[5] SOA Service Oriented Architecture (vgl. [zimm])
[6] Kriterien anhand derer van der Aalst die Ausdrucksmöglichkeit einer Workflow Sprache bewertet. Vgl.: [aalst1]

weisen Unterstützung des Merkmals durch die Sprache. Verglichen wurden die Konzepte „BPEL4WS", „XLANG", „WSFL", „XPDL", „Staffware", „MQ Series Workflow", „Panagon eProcess" und „Flower". Auf die fünf zu letzt genannten wird hier nicht weiter eingegangen. Van der Aalst zeigt auf, dass BPEL4WS tatsächlich die Ausdrucksmöglichkeiten hinsichtlich der Workflow Pattern von XLANG und WSFL vereint.

Zudem erreicht das Konzept von BPEL4WS bei den 20 ausgewählten Pattern die meisten positiven Merkmalsausprägungen (13,5 von 20). In [aalst2] untersucht van der Aalst BPEL4WS im Einzelnen. Er geht dabei auf jedes Muster ein und gibt ein Beispiel, ob und wie BPEL4WS das Muster unterstützt. Neben den angesprochenen Workflow Pattern geht der Autor auch auf so genannte Communication Pattern ein. Dies sind Kriterien, die Workflow Sprachen im Hinblick der Interaktion von verteilten Systemkomponenten auszeichnen. Man kann diese Muster in Pattern für synchrone Kommunikation und Pattern für asynchrone Kommunikation unterteilen. Die Pattern für synchronen Datenaustausch sind ‚request/reply', ‚one-way', und ‚synchronous polling'. „message passing", „publish/subscribe" und ‚broadcast' gehören zu den asynchronen Pattern. BPEL4WS unterstützt davon alle Muster, bis auf die beiden asynchronen Merkmale „publish/subscribe" und ‚broadcast'. Ohne im Einzelnen auf diese Muster eingehen zu wollen, kann man festhalten, dass BPEL4WS sowohl synchrone als auch asynchrone Kommunikation in ausreichendem Maße ausführen kann. Eine genauere Analyse ist in [aalst2] zu finden.

Festhalten lässt sich, dass BPEL4WS eine sehr komplexe Sprache ist (vgl. [rechert], S.5) und alle wichtigen Patterns unterstützt. Auch sehr spezielle Konstrukte, wie z.B. „multi merge", sind in BPEL4WS, im Gegensatz zu anderen Sprachen, definiert. Die Sprache profitiert dabei auch davon, dass sie von der umfangreichen „WSFL" Spezifikation „erbt". Dadurch, dass BPEL4WS aus zwei sehr verschiedenen Ansätzen, XLANG und WSFL, entstanden ist, sind für verschiedene Pattern oft mehrere Lösungsmöglichkeiten implementierbar. Oft gibt es zwei Lösungen: Eine, die auf Basis der Möglichkeiten, die XLANG bietet, basiert und eine, die eine Lösung auf „WSFL -Art" darstellt. Dies macht BPEL4WS sehr unübersichtlich, wenn z.B. in einer BPEL Datei Konstrukte auftauchen, die aus verschiedenen Denkmustern resultieren. Der Vorteil, dass BPEL4WS sehr viele Muster zur Definition eines Prozesses unterstützt, bringt gleichzeitig auch Nachteile. Die Komplexität der Sprache ist sehr hoch und macht es Entwicklern schwer sich in die Sprache einzuarbeiten. Zudem stellt sich die Frage, ob wirklich alle Pattern unabdingbar für die Erstellung eines Prozesses sind.

### 3.7.2    Grenzen von BPEL4WS in der Praxis

BPEL4WS wird in der Presse und von vielen Autoren, die für Firmen arbeiten, die Produkte rund um BPEL4WS verkaufen wollen, hoch gelobt. Sie vermitteln den Eindruck, dass BPEL *die* Lösung für alle Probleme im Bereich Geschäftsprozessmanagement ist. Doch fest steht, dass auch BPEL4WS nicht die viel zitierte eierlegende Wollmilchsau ist. BPEL4WS definiert z.b. nicht, wie eine Verbindung von einem Verkäufer System zu einem Käufer System tatsächlich implementiert wird. Dies muss separat mit Hilfe von Standard Programmiersprachen wie Java etc. vor Ort programmiert werden.

Zudem stellt BPEL4WS keinen Übersetzer von anwendungsspezifischen Daten dar, die von einem System gesendet werden und von einem anderen verarbeitet werden müssen. D.h. BPEL4WS kann zwar den Nachrichtenaustausch zwischen Systemen automatisieren, jedoch von sich aus keine Transaktion durchführen [fogarty]. BPEL4WS ist ferner, wie schon erwähnt, keine Workflow Sprache. Z.B. gibt es keine Abstraktionen für Menschen sowie keine definierten Rollen für Gruppen. BPEL4WS gehört auch nicht im engeren Sinn zum Business Process Management: Es werden keine dazu nötigen Funktionen wie  Measurement, Reporting und Management unterstützt (vgl. [brown] S.18). Ein großer Nachteil von BPEL4WS ist zudem, dass die Webservices, aus denen der Prozess bestehen soll, schon zur Design Phase des Prozesses feststehen müssen. Ein dynamisches Aktualisieren während der Laufzeit des Prozesses ist nicht möglich. Ein anderer Punkt ist das Problem der Komplexität der Sprache. Diese erhöht sich bei jedem neuem Partner, der dem Prozess hinzugefügt wird.

Ein zentraler Vorteil, den BPEL4WS als ein auf Webservices basierendes Konzept bietet, ist die Interoperabilität. Um eine Verbindung zwischen verschiedenen Applikationen herzustellen ist es also gleichgültig, auf welchen Plattformen diese entwickelt und ausgeführt werden. Dadurch erspart man sich aufwendige und teure Portierungen.  Eine weitere Eigenschaft von Webservices, von der auch BPEL4WS profitiert, ist die „lose Kopplung". Dabei ist es nicht erforderlich eine ständige Verbindung zwischen den Services aufrechtzuerhalten. Verbindungen gibt es nur, wenn auch eine Kommunikation stattfinden soll. Dies begünstigt den Einsatz in

einem WAN[7], wo ständige Erreichbarkeit der Partner nicht garantiert werden kann. Das Prinzip der „losen Kopplung" ermöglicht es auch, Webservices, die zu einem bestimmten Zweck geschrieben wurden, von einer anderen Anwendung, als ursprünglich geplant, nutzbar zu machen. So kann Code wieder verwendet werden, ohne dass komplett neue Implementationen notwendig werden. BPEL4WS unterstützt „lose Kopplung" auch, indem durch den Einsatz von asynchroner Kommunikation eine verzögert eintreffende Nachricht den Prozess nicht unbedingt „einfrieren" lässt. Der Nachteil, dass BPEL4WS nicht alles vereint, was zur erfolgreichen Ausführung eines Geschäftsprozess nötig ist, kann gleichzeitig auch einen Vorteil darstellen. Dadurch, dass BPEL sich nicht weiter mit den Implementationsdetails auf Seiten der Anwendungen beschäftigt, sondern den eigentlichen Prozess in den Vordergrund stellt, wird eine Trennung der Prozesslogik von dem „Rest" der Applikation vollzogen. Zum einen verringert dies die ohnehin hohe Komplexität der Sprache. Zum anderen sind Änderungen des Prozesses, z.B. das Einbeziehen anderer Webservices, viel schneller zu realisieren als in einer Sprache, in der neben der Prozesslogik auch die Geschäftslogik beschrieben sind. Die leichte Änderbarkeit der BPEL Prozesse macht es Service Nutzern zudem einfacher, Service Anbieter zu wechseln. Dadurch wird ein so genannter „Vendor Lock-in" vermieden, d.h. die Abhängigkeit des Kunden vom Verkäufer sinkt. Die genannten Vorteile führen laut [sherman] und [lamonica] zu großen Kosteneinsparungen.

---

[7] WAN: Wide Area Network

# 4 Zusammenfassung und Ausblick

In der Praxis hat sich BPEL4WS noch nicht etabliert. Dies mag zum einen daran liegen, dass das Konzept noch recht neu ist. Zum anderen ist BPEL4WS noch immer nicht offiziell standardisiert, was bei potentiellen Anwendern zu Unsicherheit führt, zumal auch die Entwicklung einer neuen Sprache namens BPXL[8] angekündigt wurde (vgl. [laplante]). Darüber hinaus zeigt auch das Beispiel von Microsofts BizTalk, dass die Entwicklerfirmen von BPEL4WS die Sprache in ihren Produkten selbst nicht uneingeschränkt unterstützen, geschweige denn vermarkten.

Abgesehen davon stellt sich die Frage, ob sich Webservices auf der Ebene zwischenbetrieblicher Kommunikation durchsetzen werden. Bisher ist eher so, dass Webservices bestenfalls innerbetrieblich zur Anbindung externer Standorte eingesetzt werden. Eine mangelnde Verbreitung von Webservices lässt ferner auch wenig Raum für BPEL4WS. Andererseits könnte die Möglichkeit der Vernetzung von Webservices durch BPEL4WS den Gedanken der SOA neuen Auftrieb verleihen, denn die langsame Entwicklung von „Informationssystemen zu Diensteintegrationen" wird nicht angezweifelt (vgl. [wi2004]). Festzuhalten bleibt, dass BPEL4WS ein innovatives Konzept darstellt, das trotz einiger Schwächen große Möglichkeiten bietet, Geschäftsprozesse kosteneffektiv zu automatisieren.

---

[8] Business Process eXtension Layers

# Literatur- und Quellenverzeichnis

## Bücher

[Schmelz]   Schmelzer; Sesselmann: „Geschäftsprozessmanagement in der Praxis", 4. Auflage, Hanser Verlag; München Wien, 2004.

[Gierhake]   Gierhake, O. : „Integriertes Geschäftsprozessmanagement: effektive Organisationsgestaltung mit Workflow-, Workgroup- und Dokumentenmanagement-Systemen" Vieweg Verl., Braunschweig; Wiesbaden, 1998.

[Wrox]   Couldwell, P.; Rajesh, C.; Vivek, C.;[…]: „Professional XML Web Services", Wrox Press, 2001

## Zeitschriftenartikel

[WI04]   Curbera, F.; Khalaf, R.; Mukhi, N.; Tai, S.;Weerawarana, S.: „The Next Step in Web Services", In: Communications of the ACM 46 (2003) ,S. 29–35.
Referiert durch Müller, G. in der Zeitschrift „Wirtschaftsinformatik" Ausgabe 46 (2004), S. 295–298

[IX]   Fischer, J. : Gut beschrieben", Zeitschrift „IX", 2. Ausgabe 2004

**BEITRÄGE AUS DEM WORLD WIDE WEB**

[myweb]     WebServices.Org: „IBM release BPWS4J[..]",
            http://www.mywebservices.org/index.php/article/articleview/588/1/11/
            ,letzter Zugriff: 20.12.04

[w3]        Booth, D.; Haas, H.;McCabe, F.: „Web Services Architecture",
            http://www.w3.org/TR/2004/NOTE-ws-arch-20040211/#service         ,
            letzter Zugriff: 20.12.04.


[ws-arch]   Autor nicht genannt. „Service" , Firma: Barry & Associates,
            http://www.service-architecture.com/web-services/articles/service.html,
            letzter Zugriff: 20.12.04

[msdn1]     Microsoft: „Webservice Basics",
            http://msdn.microsoft.com/webservices/understanding/webservicebasics/
            default.aspx , letzter Zugriff: 21.12.04

[aalst1]    Van der Aalst, W.: „Don´t go with the flow: Web Services Composition
            Standard exposed",
            http://tmitwww.tm.tue.nl/research/patterns/download/ieeewebflow.pdf ,
            letzter Zugriff: 20.12.04

[oracle]    Oracle: „Business Process Execution Language (BPEL)
            And Oracle BPEL Process Manager",
            http://www.oracle.com/technology/products/ias/bpel/htdocs/orabpel_faq
            .html, letzter Zugriff: 20.12.04

[spez]      Andrews, T.; Curbera F. Dholakia, H; [...]: „Specification: Business
            Process Execution Language for Web Services Version 1.1",
            http://www-106.ibm.com/developerworks/library/ws-bpel/,         letzter
            Zugriff: 20.12.04

[aalst2]        Wohed, P.; van der Aalst; W., Dumas, M.; ter Hofstede, A.: „Pattern
                Based Analysis of BPEL4WS",
                http://tmitwww.tm.tue.nl/research/patterns/download/qut_bpel_rep.pdf,
                letzter Zugriff: 20.12.04

[voigt]         Voigt, H. : „Modell –basierte Analyse von ausführbaren Geschäftspro-
                zessen für Web Services", Diplomarbeit an der Uni Paderborn, Sep-
                tember 2003, http://www.upb.de/cs/ag-engels/Papers/
                2003/Diplomarbeit_Hendrik_Voigt.pdf, letzter Zugriff: 20.12.04

[martens1]      Martens, A.: „Taskforce Business Process Execution Language:
                Begriffe, Zusammenhänge, Unklarheiten" ,
                http://www.informatik.hu-
                berlin.de/top/forschung/projekte/vgp_mit_ws/bpel/download/axel-02-
                12-13_1.pdf, letzter Zugriff: 20.12.04

[martens2]      Martens, A.; Stahl, C.; Weinberg, D.; Fahland, D.; Heidinger, T.: „Bu-
                siness Process Execution Language for Webservices – Semantik, Ana-
                lyse    und    Visualisierung    ",    http://www.informatik.hu-
                berlin.de/top/publikationen/publikationen.html#p2004f
                letzter Zugriff 22.1.05

[ibm]           Weerawarana, S.; Curbera, F: „Understanding BPEL4WS"
                http://www-106.ibm.com/developerworks/webservices/library/ws-
                bpelcol1/?dwzone=webservices , letzter Zugriff: 21.12.04

[mici]          Micijevic, D.; Maslic, S.; Maier, D.: „BPEL4WS",
                http://n.ethz.ch/student/jodaniel/37-
                310/reports/BPEL4WS_Micijevic&Maier&Maslic.pdf,
                letzter Zugriff: 20.12.04

[bertschy]    Bertschy, U.: „Biztalk Server 2004: Dirigieren und Dolmetschen",

http://www.innovativetimes.ch/Default.aspx?tabid=114 ,

letzter Zugriff: 20.12.04

[matijas]    Matijaz, „Business Process Execution Language for Webservice",

http://www.bpelbook.com/chapter4_preview.htm, letzter Zugriff

:13.12.2004

[brown]    Brown, P.; Szefler, M.: „BPEL for Programmers and Architects",

http://blog.fivesight.com/prb/space/BPEL/BPEL4ProgArchies.pdf ,

letzter Zugriff: 20.12.04

[lamonica1]    Lamonica, M.: „Service oriented architecture gains support",

http://news.com.com/Services-

oriented+architecture+gains+support/2100-7345_3-

5182950.html?tag=nl , letzter Zugriff: 20.12.04

[lamonica2]    Lamonica, M.: „Web services standards face a split",

http://news.com.com/Web+services+standards+face+a+split/2100-

1013_3-997042.html?tag=nl ,letzter Zugriff: 20.12.04

[laplante]    LaPlante, A.: „Don´t snub Oasis on BPEL",

http://www.webservicespipeline.com/trends/archive/index.jhtml?start=4

&howMany=5 , letzter Zugriff: 20.12.04

[sherman]    Sherman, D.: „BPEL Unleashed",

http://www.sys-con.com/story/?storyid=44668&DE=1 ,

letzter Zugriff: 20.12.04

[fogarty]    Fogarty, K.: „Primer: Business Process Execution Language" ,
http://www.baselinemag.com/print_article2/0,2533,a=123575,00.asp ,
letzter Zugriff: 20.12.04hh

[rechert]    Rechert, W.: „The Business Process Execution Language",
http://www.st.informatik.tu-
darmstadt.de/database/seminars/data/BPEL.pdf?id=83 ,
letzter Zugriff: 20.12.04

[will]    Will, A., Homann, J.: „Anwendungsorientierte Veranschaulichung von
BPEL4WS anhand einer praktischen Untersuchung entsprechender
Software-Werkzeuge zur Modellierung und Ausführung von Prozessen",
http://www.rrz.uni-
hamburg.de/IWI/Sem_WI_WS0304/arbeiten/Thema5.pdf, letzter
Zugriff: 20.01.05

[zimm]    Zimmermann, O., Krogdahl, P., Gee, C.: „Elements of Service-Oriented
Analysis and Design", http://www-
106.ibm.com/developerworks/webservices/library/ws-
soad1/#N100B0, letzter Zugriff: 20.01.05